BEI GRIN MACHT SICH IHR
WISSEN BEZAHLT

AF153125

- Wir veröffentlichen Ihre Hausarbeit,
  Bachelor- und Masterarbeit

- Ihr eigenes eBook und Buch -
  weltweit in allen wichtigen Shops

- Verdienen Sie an jedem Verkauf

Jetzt bei www.GRIN.com hochladen
und kostenlos publizieren

GRIN

Erstellen eines Trainingsplans für das Beweglichkeits- und Koordinationstraining einer männlichen Person

Hannes Stecher

Bibliografische Information der Deutschen Nationalbibliothek:

Die Deutsche Nationalbibliothek verzeichnet diese Publikation in der Deutschen Nationalbibliografie; detaillierte bibliografische Daten sind im Internet über http://dnb.d-nb.de abrufbar.

ISBN: 9783346677457
Dieses Buch ist auch als E-Book erhältlich.

© GRIN Publishing GmbH
Nymphenburger Straße 86
80636 München

Druck und Bindung: Books on Demand GmbH, Norderstedt Germany
Gedruckt auf säurefreiem Papier aus verantwortungsvollen Quellen

Das Buch bei GRIN: https://www.grin.com/document/1239754

Deutsche Hochschule für
Prävention und Gesundheitsmanagement

Hermann-Neuberger-Sportschule 3

66123 Saarbrücken

Hausarbeit

Name, Vorname	Hannes, Stecher
Studiengang	Fitnessökonomie (BFÖ)
Studienmodul	Trainingslehre III
Datum Präsenzphase (siehe Ergebnisdokumentation)	28.02.2022 – 02.03.2022
Aufgabe	Erstellen einer Trainingsplanung für das Beweglichkeits- und Koordinationstraining für eine beliebige Person.

Inhaltsverzeichnis

1 Teilaufgabe 1 -Personendaten

Tab. 1: Diagnose

Alter:	24 Jahre	Geschlecht:	Männlich
Körpergröße:	184 cm	Körpergewicht:	80 kg
Aktuelle sportliche Aktivitäten:	Aktiver Handballer: 6 TE pro Woche; Ein Spiel am Wochenende.	Berufliche Tätigkeit:	Jura Student im 8. Semester
Zeitlicher Verfügungsrahmen:	Täglich je 60 Minuten vor jedem Handballtraining, sowie 30 Minuten abends	Frühere sportliche Aktivitäten:	Aktiv im Handballsport seit 9. Lebensjahr
Trainingsmotive:	1. Lindern von subjektiv wahrgenommenen Verspannungen- bzw. Verhärtungen der Hüftadduktoren nach Trainingseinheiten, sowie leichte Verspannungen der Nackenmuskulatur bei langen Lerneinheiten am Schreibtisch 2. Möchte seine Beweglichkeit, sowie Gleichgewicht und Körperkontrolle in Drucksituationen im Handball verbessern.		
Orthopädische Probleme	Keine		
Internistische Probleme:	keine		
Ärztliche Behandlung:	keine		
Sonstige gesundheitliche Einschränkungen:	Keine		
Bewertung der Daten bezüglich Belastbarkeit und Trainierbarkeit:	Der Proband wird als voll belastbar hinsichtlich eines Beweglichkeits- und Koordinationstrainings eingestuft. Er weist keine gesundheitlichen Einschränkungen, keine schweren Verletzungen oder sonstige internistische Probleme auf. Der Proband absolviert ein hohes wöchentliches Trainingspensum, weshalb auf zusätzliche hochintensive Muskelkettenarbeit besonders im Koordinationstraining verzichtet wird, um keine Verletzung zu provozieren.		

2 Teilaufgabe 2 – Beweglichkeitstestung

Tab. 2: Manueller Beweglichkeitstest (nach Janda, 2000, S.255-271)

Te-stübung:	Testdurchführung:	Normwert:	Tester-gebnis:
1.: Der M. pectoralis major	Der Proband nimmt auf der Behandlungsliege eine Rückenlage mit angewinkelten Beinen ein. Der Proband trägt keine Schuhe, lediglich Socken. Beide Füße halten mit den Sohlen Kontakt zur Liege, wodurch das Becken und die Lendenwirbelsäule (LWS) fixiert bleiben. Unterstützend spannt der Kunde die Bauchmuskulatur an, um eine Elevation der LWS zu vermeiden. Der Proband liegt am rechten Rand der Liege parallel zur Kante und führt im rechten Schultergelenk eine 90° Abduktion und Außenrotation, einhergehend mit einer 90° Flexion im Ellenbogengelenk durch. Gleichzeitig fixiert der Trainer den Thorax durch eine sanfte, proximale Traktion, ohne Druckausübung. Der rechte Testarm befindet sich nun ab dem Schultergelenk frei, rechts, in der Horizontalen neben der Liege, mit der rechten Hand auf Kopfhöhe. Durch die Oberarmbewegungen, entgegen der forcierenden Bewegungsrichtung des M. pectoralis, wird dieser gedehnt. Nach Dokumentation der Oberarmposition wird der linke Arm in gleicher Art und Weise getestet und dokumentiert.	Stufe 0: Oberarm erreicht die Horizontale Stufe 1: Oberarm erreicht die Horizontale durch Druckausübung des Trainers Stufe 2: Oberarm erreicht die Horizontale trotz Druckausübung des Trainers nicht	Rechts: Stufe 1 Links: Stufe 1
2.: Die M. Ischiocrurale	Wurden die Testergebnisse des M. pectoralis beidseitig dokumentiert, so platziert sich der Proband (weiterhin in Rückenlage mit angewinkelten Beinen) mittig auf der Behandlungsliege. Zuerst wird nun das rechte Bein auf Beweglichkeit der ischiocruralen Muskulatur getestet. Dabei weist der Trainer den Probanden an, das Testbein im Kniegelenk zu strecken, fixiert diese Streckung mit angemessenem Druck auf die rechte Oberschenkelvorderseite und führt nun eine maximal mögliche Hüftflexion durch. Weder darf der Proband das Becken im Prozess anheben, noch im LWS-Bereich ein Hohlkreuz bilden. Das angewinkelte Bein ist ebenfalls fixiert, sowie das Testbein gestreckt, Durch die Extension im Kniegelenk und die forcierte Flexion des Hüftgelenks wird die Ischiocrurale Muskulatur, die Flexoren des Kniegelenks und (außer M. biceps femoris caput breve) Extensoren des Hüftgelenks sind, maximal gedehnt. 90° Bewegungsausmaß meint ein senkrecht aufgestelltes Testbein. Nach Dokumentation des Ausmaßes der Hüftextension wird der Test mit dem linken Bein in gleicher Art und Weise durchgeführt und dokumentiert.	Stufe 0: Hüftflexion wird im Ausmaß von 90° realisiert Stufe 1: Hüftflexion wird im Ausmaß von 80-90° realisiert Stufe 2: Hüftflexion wird im Ausmaß <80° realisiert	Rechts: Stufe 0 Links: Stufe 0
3.: Der M. iliopsoas	Der in Rückenlage, mittig auf der Behandlungsliege positionierte Proband rutscht nun mit dem Becken zum unteren Rand, sodass das Gesäß mit dem Rand der Liege schließt. Während das rechte Bein im Überhang verbleibt, wird der Proband angewiesen, sein linkes, angewinkeltes Bein im maximalen Ausmaß zum Körper heranzuziehen. Er greift dabei ventral am Unterschenkel, während der Trainer erneut darauf achtet, dass die LWS und das Becken fixiert bleiben. Der Trainer dokumentiert nun, das	Stufe 0: Oberschenkel erreicht die Horizontale Stufe 1: Oberschenkel erreicht die Horizontale durch Druckausübung des Trainers	Rechts: Stufe 0 Links: Stufe 0

Te-stübung:	Testdurchführung:	Normwert:	Tester-gebnis:
	Ausmaß der (ggf. forcierten) Hüftextension des rechten Beines und die Testung wird für das linke Testbein wiederholt.	Stufe 2: Oberschenkel erreicht die Horizontale trotz Druckausübung des Trainers nicht	
4.: Der M. rectus femoris	Befindet sich nun nach abgeschlossenem Test Nr.3 das rechte Bein im Überhang, so fixiert der Trainer die Hüftextension des rechten Testbeins in maximaler Hüftextension, durch leichten Druck auf die untere Oberschenkelvorderseite. Festgestellt wird nun der Winkel der Knieflexion. Durch Druckausübung des Trainers, an der Unterschenkelvorderseite, oberhalb des Oberen Sprunggelenkes (OSG), wird die Knieflexion weiter forciert. Anschließend wird der Test für das linke Bein wiederholt und dokumentiert.	Stufe 0: Unterschenkel hängt senkrecht herab; leichte Druckausübung des Trainers vergrößert Kniebeugung Stufe 1: Unterschenkel ist leicht nach vorne gestreckt; leichte Druckausübung des Trainers ermöglicht 90° Beugung im Knie Stufe 2: Unterschenkel erreicht Beugung im Knie trotz Druckausübung des Trainers nicht	Rechts: Stufe 0 Links: Stufe 0
5.: Der Mm. Triceps surae	Der abschließende Test prüft die Beweglichkeit der Mm. Triceps surae. Der Proband entledigt sich seiner Socken und ist nun barfuß. Während das linke Bein in gewohnter Weise, gebeugt und mit der Fußsohle fest auf der Unterlage aufgestellt wird, ragt das rechte Bein des Probanden Knieabwärts, gestreckt über das untere Ende der Behandlungsliege heraus. Der Trainer greift nun das Fersenbein von unten mit der linken Hand. Mit der rechten Hand ergreift er den Fuß des Probanden von der Seite her, legt den Daumen am äußeren Rand des Fußaußenkante an. Nun übt der Tester mit der linken Hand einen Zug der Ferse nach distal aus und führt mit der rechten Hand, entgegengesetzt zur Zugrichtung, Druck in Richtung der Tibia nach kranial aus. Forciert wird eine maximale Dorsalextension bei gestreckt fixiertem Kniegelenk, um den zweigelenkigen M. gastrocnemius in die Testung zu integrieren. Optimalerweise erreicht der Proband dabei mindestens die Senkrechte (0° Stellung, vgl Normwerte). Auch dieser Test wird für die linke Seite wiederholt.	Stufe 0: Dorsalextension bis 0° realisierbar Stufe 1: Dorsalextension ist möglich, 0° Stellung kann aber nicht ganz erreicht werden Stufe 2: Dorsalextension ist möglich, 0° Stellung wird um >10° verfehlt	Rechts: Stufe 0 Links: Stufe 0
Bewertung	Der Proband weist keinerlei Beweglichkeitsdefizite (Stufe 0) bei der Testung der Mm. Triceps surae, des M. rectus femoris, der Mm. ischiocrurale, sowie der M. Iliopsoas. auf. Die gegebenen Normwerte können hier ohne Komplikationen erreicht werden, sodass eine gute Beweglichkeit der Muskelgruppe attestiert werden kann. Leichte Beweglichkeitsdefizite (Stufe 1) offenbaren sich jedoch bei der Beweglichkeitstestung des M. pectoralis major. Dieser sollte im Zuge des Beweglichkeitstrainings explizit gedehnt werden, um das Beweglichkeitsdefizit, im Sinne einer korrekten Körperhaltung im Alltag, sowie einer optimalen Bewegungsamplitude im Handball, auszugleichen.		

3 Teilaufgabe 3 – Trainingsplanung

Beweglichkeitstraining

Tab. 3 Belastungsparameter des Dehnprogrammes

Belastungsparameter	
TE/Woche	täglich
Serien/Übung	3
Dehndauer (statisches Dehnen)	45 Sekunden
Wiederholungen/Serie (dynamisches Dehnen)	10
Bewegungstempo (dynamisches Dehnen)	2-0-2
Dehnintensität	Maximal

Tab. 4 Übungsreihe des Dehnprogrammes

Nr.:	Zielmuskulatur:	Dehnmethode:	Übungsdurchführung:
1	M. latissimus dorsi, M. obliquus externus abdominis, M. obliquus internus abdominis	Dynamisch-passiv	Der Proband steht im Grätschstand. Der Oberkörper wird aktiv stabilisiert, der Thorax verbleibt konstant aufrecht. Das Becken steht und bleibt Achsengerecht im Lot. Die Arme sind gestreckt und im maximalen Ausmaß über dem Kopf abduziert und die linke Hand umfasst den rechten Unterarm unterhalb des Handgelenks. Die linke Hand übt starken Zug am rechten Arm nach oben hin aus. Der Proband nimmt die Dehnposition ein, indem er sich leicht nach links neigt. Die Bewegung findet lediglich auf der Frontalachse statt. Er kehrt zu Mitte zurück und wiederholt die dynamische Dehnung
2	M. rhomboideus major, M. rhomboideus minor, M. trapezius pars transversa	statisch-aktiv	Der Proband steht hüftbreit und aufrecht, mit leicht gebeugten Knien. Die Füße sind parallel. Der Oberkörper wird aktiv und aufrecht stabilisiert. Die Schultern sind tief fixiert. Die Arme sind gestreckt und führen eine Anteversion im 90° Winkel aus. Die Hände führen eine Pronation aus und greifen mit den Fingern ineinander, sodass die Handflächen nach vorne gerichtet sind. Durch aktiven Einsatz des M. pectoralis major und des M. deltoideus pars clavicularis zieht der Proband die Schulterblätter weg von der Wirbelsäule. Unterstützend bildet sich ein leichter Rundrücken im Thorax Bereich, die Schultern bleiben tief und der Kopf wird nach vorne geneigt. Die Dehnung wird nun gehalten.

Nr.:	Zielmuskulatur:	Dehnmethode:	Übungsdurchführung:
3	M. pectoralis major, M. biceps brachii, M. deltoideus pars clavicularis	dynamisch-passiv	Der Proband steht hüftbreit und aufrecht, mit leicht gebeugten Knien. Die Füße sind parallel. Der Oberkörper wird aktiv und aufrecht stabilisiert. Die Schultern sind tief fixiert. Die Arme sind gestreckt, führen eine Retroversion aus. Die Handflächen schauen zueinander und greifen ventral ineinander. Die verkeilten Hände werden hinterrücks auf die Schreibtischkante aufgelegt und fixiert. Der Proband senkt nun den Oberkörper ab, indem er eine Kniebeuge durchführt. Der Oberkörper bleibt aufrecht und die Schultern fixiert. Der Körper wird nach Erreichen der Endposition allein durch die Beinkraft angehoben.
4	M. trapezius pars descendens	postisometrisch	Der Proband steht hüftbreit und aufrecht, mit leicht gebeugten Knien. Der Oberkörper wird aktiv stabilisier. Links neben ihm und im Abstand von 30 cm befindet sich eine Wand. Er platziert seine linke Hand an der linken Wange. Er neigt zunächst den Kopf nach rechts in eine leichte Dehnposition des linksseitigen M. trapezius pars descendens. Nun platziert Er den Ellenbogen an der Wand, die Hand hält weiterhin Kontakt zur Wange. Der Proband kontrahiert nun die linke Seite des M. trapezius pars descendens isometrisch, für zehn Sekunden und stark gegen den Widerstand die Handinnenseite. Er löst nun die Kontraktion und entspannt die Muskulatur für 2-3 Sekunden. Nun streckt der Proband den linken Arm lateral am Körper nach unten und führt eine aktive Schulterblattdepression aus. Zeitgleich neigt Er den Kopf nach rechts zur kontralateralen Seite. Er dehnt so den M. trapezius pars descendens linksseitig für 20 Sekunden passiv-statisch. Er wiederholt diesen Vorgang 3-mal hintereinander pro Seite.
5	M.quadricepd femoris	statisch-passiv	Die Ausgangsposition ist der Hüftbreite Stand., Die Knie sind leicht gebeugt, sodass der Stand stabilisiert wird. Nun umfasst der Proband mit der rechten Hand den Unterschenkel des rechten Beines knapp oberhalb des Sprunggelenks, beugt das Knie und führt die Ferse in Richtung des Gesäßes. Das linke Standbein führt eine leichte Flexion aus. Die beiden Oberschenkel befinden sich nebeneinander, während die Dehnung durch Kippen des Beckens und maximal kräftigen Zug am Unterschenkel erfolgt. Der Oberschenkel des rechten Beines ist vertikal im Lot. Kann der einbeinige Stand nicht ausreichend stabilisiert werden, stützt der Proband die Position mit der linken Hand seinem Schreibtisch.
6	M. iliopsoas, M. rectus femoris	Statisch-passiv	Der Proband begibt sich nun auf den Boden. Vom Kniestand aus werden die Hände Schulterbreit auf dem Boden abgestützt. Das rechte Knie wird im 90° Winkel gebeugt. Durch eine rechtsseitige Hüftflexion wird der rechte Fuß nach vorne zwischen die Hände gebracht. Das linke Bein wird nach hinten gestreckt, wobei Fuß und Knie am Boden aufgestellt sind. Der Oberkörper wird nun aufgerichtet und das Becken abgesenkt, sodass eine Dehnung Zielmuskulatur linksseitig einstellt. Er wiederholt den Vorgang 3-mal hintereinander pro Seite.

Nr.:	Zielmuskulatur:	Dehnmethode:	Übungsdurchführung:
7	M. erector spinae tractus medialis, M. erector spinae tractus lateralis	Dynamisch-aktiv	Der Proband begibt sich in den Vierfüßlerstand. Die Hände, Knie sowie Füße während der gesamten Übung Bodenkontakt, das Becken wird nicht nach hinten geschoben. Die Rumpfmuskulatur wird nun aktiv angespannt. Die Wirbelsäule führt dadurch im maximalen physiologischen Ausmaß eine Extension durch. Durch dosiertes Entspannen der Bauchmuskulatur kehrt der Proband in Ausgangslage zurück und wiederholt den Vorgang.
8	M. adductor brevis, M. adductor longus, M. Adductor magnus, M. pectineus, M. gracilis	Dynamisch-passiv	Der Proband begibt sich nun in die sitzende Position. Der Oberkörper ist aufgerichtet und wird hinter dem Rücken durch die Hände stabilisiert. Die Beine sind nach vorne gestreckt. Der Proband führt nun eine Abduktion im Hüftgelenk bei durchgehend gestreckten Beinen und aufrechtem Oberkörper durch. Nun wird der Oberkörper im Wechselspiel nach vorne abgesenkt und wieder aufgerichtet
9	M. ischiocrurale	Dynamisch-passiv	Der Proband legt sich nun auf den Rücken, das linke Bein wird durch 90°flexion des Kniegelenks aufgestellt. Das Becken hält konstant Bodenkontakt, eine Extension des Rückens wird vermieden. Durch permanentes Aktivieren des M. quadriceps femoris wird das rechte Bein gestreckt und zunächst abgelegt. Der Proband greift den Oberschenkel des rechten Beines kurz oberhalb des Knies und zieht das gestreckte Bein maximal zum Oberkörper in die Dehnposition. Er löst die Dehnung durch Nachgeben des aktiven Zuges der Arme am Oberschenkel.
10	M. glutaeus maximus, M. glutaeus medius, M. glutaeus minimus	Dynamisch-passiv	Der Proband liegt weiterhin auf dem Rücken, das linke Bein wird durch 90°flexion des Kniegelenks aufgestellt. Eine Extension des Rückens wird vermieden. Durch Außenrotation des rechten Beines und Flexion des Kniegelenks wird der Unterschenkel oberhalb des Sprunggelenks auf der Oberschenkelvorderseite des linken Beines platziert. Die Hände greifen nun an der Oberschenkelrückseite des linken Beins und zieht das Bein zum Oberkörper. Der Proband führt eine dynamische Bewegung durch Regulieren des Zuges der Arme aus. Zum Lösen der Dehnung stellt der Proband zuerst das linke, dann das rechte Bein ab und wechselt die Seite.

Zeitpunkt des Dehnens: Das Dehntraining findet täglich als Tagesabschluss, vor dem zu Bett gehen statt. Es wird also in die Abendroutine integriert, um langfristigen Erfolg durch Kontinuität und Regelmäßigkeit zu erzielen. Auch wenn das Dehnprogramm vor dem Training und um das Koordinationstraining Platz finden könnte, wird darauf verzichtet, da es zu einem kurzfristigen Verlust von Schnellkraft und Sprungkraft (Wiemeyer 2002) durch Senken des Muskeltonus kommen kann. Dies ist kontraproduktiv für das anschließende Handballtraining.

Übungsdurchführung: Alle Übungen werden im Vorfeld detailliert mit dem Probanden besprochen und vom Trainer demonstriert. Die Ausführung des Probanden wird aktiv kontrolliert und ggf. korrigiert. Der Proband achtet bei der Durchführung des Dehnens stets darauf ruhig und in gleichmäßigen Zügen zu atmen. Die Bewegungen werden kontrolliert und gleichförmig, nicht ruckartig ausgeführt. Generell werden Bewegungen langsam ausgeführt, um hier auch das Muskel- und Schmerzempfinden zu schulen und so das Körperbewusstsein zu stärken. Der Proband führt pro Übung 3 Serien aus. Bei unilateralen Übungen wird links und rechts im Wechsel trainiert und jede Seite 3-mal. Im Zuge der Abendroutine werden 3 Serien als ausreichend erachtet, Priorität liegt auf dem täglichen Durchführen der Übungen, nicht auf dem maximalen Trainingsumfang. Dadurch bleibt der Proband stets motiviert. Bei statischen Dehnübungen wird die Dehnposition 45 Sekunden gehalten. Bei dynamischen Übungen werden zehn Wiederholungen durchgeführt, da sich bei Untersuchungen von Glück (2005) bei höherer Wiederholungszahl dynamischen Dehnens keine positiven Effekte auf die Bewegungsreichweite der Gelenke einstellten. Der Fokus soll vor allem auf der korrekten Übungsdurchführung liegen. Das Bewegungstempo liegt dabei bei 2-0-2, in der Endposition wird also nur kurz verharrt. Für die Endposition auch im Allgemeinen wird eine maximale Dehnintensität oberhalb der Dehngrenze und knapp unterhalb der maximalen Bewegungsreichweite angestrebt. Marshall (1999, S.8) bestätigt deutlich bessere Dehneffekte gegenüber dem weichen Dehnen. Der Proband betreibt Sport auf hohem Leistungsniveau und kann daher mit hoher Intensität umgehen, ja hat sogar Spaß daran.

Übungserläuterung: Der Proband beginnt das Dehnprogramm im Stehen mit den Muskeln M. latissimus dorsi, M. obliquus externus abdominis, M. obliquus internus abdominis, denn als Handballer benötigt er eine große Bewegungsreichweite des Schultergürtels und der Seitlichen Bauchmuskulatur für Drehungen. Daher wird der Fokus nun weiterhin im Stehen auf den Schultergürtel gelegt. Beim aktiven Dehnen der Schulterblattfixatoren in Nr.2 wird die in Nr.3 zu dehnende Muskulatur aktiv benötigt und wird daher erst anschließend gedehnt, um den Muskeltonus effektiv zu senken. Dies ist aufgrund der Bewegungsdefizite des M. pectoralis (vgl. Tab.2) besonders wichtig. Gerade im sportlichen Alltag wird der Proband von der gewonnenen Beweglichkeit durch Nr.3 bei Wurfbewegungen profitieren. Im Sinne des Probanden wird die Nackenmuskulatur in Nr.4 aufgrund der Verspannungen im Alltag postisometrisch und damit hocheffektiv gedehnt. Nach Dehnung des im Training oft beanspruchten M. quadriceps femoris begibt sich der Proband zum Dehnen der restlichen Muskelgruppen auf den Boden. Er beginnt dabei in Nr.6 mit dem M. iliopsoas und dem M. rectus femoris im Kniestand, um die Beweglichkeit der Hüfte als Alltagsausgleich (sitzend) zu garantieren und begibt sich dann in den Vierfüßlerstand (Nr.7). Die Flexibilität der Mm. Erector spinae sichert dem Probanden eine ergonomische Haltung im Alltag und Spielsituationen und wirkt Schmerzen präventiv entgegen. Nr.8, Nr.9 und Nr.10 vollenden das Beweglichkeitstraining mit Fokus auf die unteren Extremitäten und dehnen explizit die Oberschenkelinnenseite (Nr.8), um auftretenden Verspannungen (vgl. Tab.1) unter Belastung entgegenzuwirken. Dazu werden zunächst die Adduktoren der Hüfte dynamisch im Sitzen und anschließend die M. ischiocrurale (Nr.9) und die Gesäßmuskulatur (Nr.10) im Liegen gedehnt. Methodisch werden die Muskelgruppen also vom Schultergürtel, über die Wirbelsäule hin zu den unteren Extremitäten (von oben nach unten) gedehnt. Dabei beginnt der Proband im Stehen und kommt über den Knie- und Vierfüßlerstand über die Hocke ins Liegen (von oben nach unten). Er kann dadurch die logische Abfolge verinnerlichen und erachtet die als Übungsreihe als sinnvoll. Es wird zudem jede mögliche Dehnmethode wird im Dehnprogramm berücksichtigt. Der Kunde erhält dadurch aus passiven, aktiven, sowie statischen, dynamischen und postisometrischen Übungen ein breites, interessantes und vielseitiges Portfolio. Methodisch ist der Großteil der Übungen aufgrund der höheren Dehnspitzen- und Effekte dynamisch gewählt.

4 Teilaufgabe 4 – Trainingsplanung Koordinationstraining

Tab. 5 Belastungsparameter des Koordinationstrainings

Belastungsparameter	
TE/Woche	6-mal jeweils vor dem Handballtraining
Serien/Übung	3-5
Pausen zwischen Serien	<45 Sekunden
Belastungsdauer	45 Minuten
Haltedauer/Wiederholungen (Statisch/Dynamisch)	60 Sek./20 Wdh.

Tab. 6 Übungsreihe des Koordinationstrainings

Nr	Hilfsmittel/Kleingeräte:	Übungsbeschreibung:
0:	Igelball	Warm-up: Im Vorfeld des Koordinationstrainings wärmt sich der Proband 5 Minuten durch lockeres Joggen unspezifisch auf. Anschließend rollt er barfuß im Stehen 2 Minuten erst rechts, dann links mit den Fußsohlen über einen Igelball. Er beginnt dabei zunächst mit geringem Druck und erhöht diesen über die 2 Minuten hinweg stetig.
1:	Keine	Kurzer Fuß nach Janda: Der ist weiterhin barfuß und steht im schulterbreiten Stand auf dem festen Boden. Der Kopf steht in Verlängerung zur aufgericht stabilisierten Wirbelsäule. Die Knie sind leicht gebeugt und der Körperschwerpunkt befindet sich zwischen den Füßen im Lot. Die Füße werden bewusst gleichmäßig auf Ferse, äußerem Fußrand und Vorfuß belastet. Der Proband schiebt je einen Kugelschreiber unter das Os Naviculare. Die Fersen, die Groß- und Kleinzehen, sowie Groß- und Kleinzehenballen halten den Bodenkontakt. Der Proband spreizt die Zehen leicht, die Fußgewölbe werden aktiv angehoben. Die Zehen krallen dabei zu keinem Zeitpunkt in den Boden. Ferse und Vorfuß nähern sich unter Aktivierung der Streckmuskulatur an, das Gewölbe löst sich vom Kugelschreiberkontakt und der Fuß wird „kurz". Der Vorgang des Anspannens dauert 2 Sekunden, die Endposition wird 5 Sekunden gehalten und dann innerhalb von 2 Sekunden gelöst. Der Vorgang wird 20-mal wiederholt.
2.1	Keine	Der Proband steht mit dem rechten Fuß auf dem Boden und nimmt die Grundhaltung ein. Dabei zeigen die Fußspitzen leicht nach außen und der Druck verteilt sich bewusst, gleichmäßig auf Ferse, äußeren Fußrand, sowie Groß- und Kleinzehenballen. Das Knie des rechten Standbeines ist leicht gebeugt, das linke Bein ist im Knie- und Hüftgelenk leicht gebeugt, dass sich der linke Fuß frei, 10 cm über dem Boden befindet. Das Becken wird durch Kontraktion der Becken- Rücken- und Bauchmuskulatur aktiv, mittig und achsengerecht fixiert. Die Brustwirbelsäule ist aufgerichtet, wobei die Halswirbelsäule in Verlängerung der Wirbelsäule positioniert wird. Die Schultern sind durch Depression und Retraktion fixiert. Die Arme sind im 90° Winkel seitlich abduziert. Diese Position wird jeweils 60 Sekunden rechts und links im Wechsel gehalten, mit dem Ziel der absoluten Stabilität des Standes.
2.2	Handball	Die Grundposition im Einbeinstand aus 2.1 wird eingenommen, das rechte Bein ist dabei zunächst das Standbein, das linke Bein ist angehoben. Die Arme sind im 90° Winkel gestreckt zur Seite abduziert. Die Handgelenke führen eine Supination aus, sodass die Handflächen nach oben gerichtet sind. In der rechten Hand hält der Proband nun einen Handball. Ist die Grundposition für 5 Sekunden stabilisiert, so führt der Proband die Arme gestreckt über dem Kopf zusammen, übergibt den Ball an die linke Hand und nimmt erneut die Grundposition ein. Diese wird erneut 5 Sekunden stabilisiert. Der Proband führt pro Fuß 20 korrekte Wiederholungen hintereinander aus.
2.3	Handball	Übungsdurchführung identisch zu 2.2, Nachdem der Stand stabilisiert wurde und eine Bewegung korrekt ausgeführt wurde schließt der Proband die Augen. Der Proband führt 20 korrekte Wiederholungen hintereinander aus
2.4	Handball	Übungsdurchführung identisch zu 2.3, Nachdem der Stand stabilisiert wurde und eine Bewegung korrekt ausgeführt wurde schließt der Proband die Augen. Er legt

Nr	Hilfsmit-tel/Klein-geräte:	Übungsbeschreibung:
		nach einer weiteren korrekten Ausführung den Kopf, durch Extension der Halswirbel-säule, in den Nacken. Der Proband führt 20 korrekte Wiederholungen hintereinander aus.
3.1	Therapie-kreisel	Der rechte Fuß wird mittig auf dem Therapiekreisel (TK) platziert und nimmt die be-kannte Grundposition ein. Die Arme sind im 90° Winkel seitlich abduziert. Diese Po-sition wird jeweils 60 Sekunden rechts und links im Wechsel gehalten, mit dem Ziel der absoluten Stabilität des einbeinigen Standes.
3.2	Therapie-kreisel	Übungsdurchführung identisch zu 4.1, zusätzlich werden die Augen geschlossen
3.3	Therapie-kreisel + Handball	Der Proband erhält nun erneut einen Handball und übergibt diesen in gewohnter Weise (vgl. 2.2). Der Proband führt 20 korrekte Wiederholungen hintereinander aus.
3.4	Therapie-kreisel + Handball	Übungsdurchführung identisch zu 4.3, Nachdem der Stand stabilisiert wurde und eine Bewegung korrekt ausgeführt wurde schließt der Proband die Augen. Der Pro-band führt 20 korrekte Wiederholungen hintereinander aus
3.5	Therapie-kreisel + Ball	Übungsdurchführung identisch zu 4.4, Nachdem der Stand stabilisiert wurde und eine Bewegung korrekt ausgeführt wurde schließt der Proband die Augen. Er legt nach einer weiteren korrekten Ausführung den Kopf, durch Extension der Halswirbel-säule, in den Nacken. Der Proband führt 20 korrekte Wiederholungen hintereinander aus.

Belastungsgefüge: Der Proband hat einen zeitlichen Verfügungsrahmen von 60 Minu-ten vor jeder Handball-TE. Er besucht das Handballtraining zuverlässig 6-mal/Woche. Für das konzentrierte und effektive Koordinationstraining werden dem leistungsambi-tionierten Probanden allerdings 45 Minuten/TE empfohlen (Chwilkowski, 2006, S. 61). Er hat somit noch 15 Minuten Puffer zum eigentlichen Trainingsbeginn, was ne-gativen Stress reduziert und die mentale Leistungsbereitschaft während der Koordina-tionsübungen steigert. Der Proband führt pro Übung mindestens 3 Serien durch. Kann der Proband eine 3-er Serie ohne Abbruchkriterium durchführen, so schreitet er zur nächsten Übung fort. Als Abbruchkriterien gelten z.B. Mangelnde Qualität der Bewe-gungsausführung, akute Konzentrationsschwäche oder fehlende Achsenkontrolle des Körpers. Tritt eine solche Komplikation auf, so führt der Proband 5 Serien durch, ehe er die nächste Progressionsstufe nimmt. Als Ziel einer Serie werden dem Probanden 60 Sekunden Haltedauer bei statischen und 20 Wiederholungen bei dynamischen Übungen vorgegeben. Die Pausenzeit zwischen den Serien wird so kurz wie möglich gehalten. Der Proband sollte allerdings mental vor dem Beginn der neuen Serie wieder voll konzentriert sein. Die Pausenzeit dauert nicht länger als 45 Sekunden, um den Flow nicht zu brechen und den Fokus hochzuhalten.

Ziel des Trainings und Nutzen für den Probanden: Der Proband möchte seinen Gleichgewichtssinn und seine Körperkontrolle in Handballspezifischen Drucksituationen erhöhen. Der Gleichgewichtssinn und die körperliche Raumkontrolle wird durch das Zusammenspiel von optischem Analysator (Auge), kinästhetischen Analysatoren (Propriozeptoren, z.b. Muskelspindeln, Gelenkrezeptoren, Golgi-Sehnenorgan usw.) und dem statico-dynamischen Analysator (Vestibularorgan im Innenohr) gewonnen. In handballspezifischen und damit inkonsistenten Bewegungssituationen kann dieser Gleichgewichtssinn und damit die Positionsbestimmung des Körpers im Raum, bei kontrollierter Körperspannung stark beeinträchtigt werden. Beispielsweise in Situationen eingedrehter Torabschlüsse, kann der Proband sich weder auf den optischen Analysator noch auf den statico-dynamischer Analysator zur Positionsbestimmung des Körpers zum Tor verlassen. Lediglich kinästhetische Analysatoren geben ihm verlässliche Rückmeldung, die dann zum zielgenauen Wurf und Torerfolg führen können. Das Gegnerverhalten erhöht zudem den Druck und erfordert permanente Anpassung an die gegebenen Situationen. Das Ziel des hier beschriebenen Koordinationstrainings ist es also die Propriozeption zu steigern, sprich die „Gleichgewichtsfähigkeit sowie die Anpassungs- und Reaktionsgeschwindigkeit" (Häfelinger & Schuba, 2007, S. 21) des Probanden zu stärken. Fortschritte werden konkret bei Informationsaufnahme (sensible Rezeptoren), Informationsverarbeitung (Afferenzsynthese), Informationsspeicherung (erlernen neuer Bewegungsmuster) und der Informationsabgabe erzielt. So verbessert sich das Zusammenspiel der Agonisten, Synergisten und Antagonisten (Intermuskuläre Koordination), wodurch die Körperspannung besser gehalten und Muskeleinsätze gezielter dosiert werden können. Es ermöglicht dadurch allgemein ökonomischere Bewegungen und gesteigerte, zielgenaue Kraftspitzen. Der Proband wird dadurch eben auch ausdauernder und punktgenau kraftvoller, während er neue Informationen und Störfaktoren schneller verarbeiten und auf diese reagieren kann. Die Koordination ist eine Schlüsselkompetenz. Nicklich & Zimmermann (1981) bestätigen diese positiven Effekte des koordinativen Trainings auch in Bezug auf den Handballsport. Trainingserfolge werden über den didaktischen Aufbau der Übungsfolge und der einhergehenden Progression derselben erzielt. Neumaier (1999, S. 86) fordert dabei Informationsaufgaben und Druckbedingungen so zu gestalten, dass ungewohnte

Bewegungsaufgaben entstehen. Übungen steigern sich also in ihrem Schwierigkeits-
grad vom stabilen zum labilen Untergrund, vom statischen Halten zur dynamischen
Bewegung und durch das sukzessive Eliminieren der Optik und des Vestibularsystems
(dadurch isolierter Fokus auf Propriozeption). Durch das zielgerichtete Variieren der
Bewegung (labiler Untergrund und/oder Rezeptoreliminierung) können erworbene
Gleichgewichtsfähigkeiten auch in den Spielalltag des Probanden übertragen werden.
(Hirtz, 2008)

Übungsauswahl- und Aufbau: Vor jeder Trainingseinheit (Nr.0) findet im ersten
Schritt ein 10-minütiges Warm-up statt. Ziel ist zum einen die Aktivierung der physi-
schen und psychischen Leistungsbereitschaft, durchbluten und aktivieren der Gelenke
(Einlaufen), sowie (durch die Igelballmassage) die Stimulation der Mechanorezeptoren der Fußsohle. Diese befinden sich vor allem an Groß- und Kleinzehe, der Ferse,
dem Vorfuß und dem äußeren Fußrand und sind die wichtigsten kinästhetischen Rezeptoren des Fußes. Die Stimulation steigert die Empfindlichkeit jener Rezeptoren und
schafft damit eine hervorragende Grundlage für das kommende Propriozeptive Training. Alle Übungen werden im Vorfeld detailliert mit dem Probanden besprochen und
vom Trainer demonstriert. Die Ausführung des Probanden wird aktiv kontrolliert und
ggf. korrigiert. Alle Übungen finden barfuß statt, um das bewusste Gefühl für die Rezeptoren zu schulen und zu stärken. Bei Übung Nr.1 handelt es sich um eine Model-
lierung des kurzen Fußes nach Janda (Häfelinger & Schuba, 2007, S. 64). In der Übung
wird das Fußgewölbe aktiv aufgerichtet, sodass die sensitiven und bereits stimulierten
Bereiche des Fußes optimalen Bodenkontakt haben. Zudem nimmt der Proband ohne
koordinativen Druck, die korrekte Haltung ein, stabilisiert und verinnerlicht diese auch
für folgende Übungen. Denn die korrekte Haltung für ist alle nachfolgenden Übungen
wichtig. Vor jeder Übung richtet er explizit sein Bewusstsein auf die aktivierten Rezeptoren der Füße und Gelenke.

Nun beginnt der Erste von zwei Trainingsblöcken, in denen sukzessive die Drucksitu-
ation erhöht, variiert und die Belastung progressiv gesteigert wird. Der allgemeine
Krafteinsatz ist moderat gewählt, da der Proband anschließend sein Handballtraining
zu absolvieren hat. Starke Vorbelastungen könnten hier auf Dauer Verletzungen pro-
vozieren. In Übung 2.1 wird der Proband mit der ersten koordinativen Aufgabe kon-
frontiert. Der statische Einbeinstand gilt hier der Eingewöhnung und findet daher auf
festem Untergrund, statisch und mit geöffneten Augen in der Grundhaltung statt. Die
Grundhaltung wird stabilisiert. In Übung Nr. 2.2 wird der Organisationsdruck erhöht.

Der Ball wird als Hilfsmittel gewählt, da er dem Probanden auch im Sport als Spielgerät dient und damit ein positiver Bezug zum Koordinationstraining aufgebaut werden kann. Die Progression wird durch den Übergang von statischem halten zu dynamischer Überkopfbewegung erreicht. Als Ort der Bewegung als Druckelement wird gezielt die Arbeit im Schultergürtel gewählt. Im Handballspiel liegt auf diesem Bereich der Hauptfokus der Präzisionsarbeit, während der restliche Körper autostabilisiert und koordiniert werden muss. Als nächste Progressionsstufe führt der Proband in Übung 2.3 die Bewegung ohne optischen Rezeptor aus. In Übung 2.4 entfällt durch das zurücklegen des Kopfes in den Nacken auch das Vestibularorgan im Ohr als afferenter Rezeptor. Dem Probanden verbleibt lediglich das Feedback der Mechanorezeptoren des Fußes und der Gelenke bzw. die Muskelspannungen zur Standortbestimmung des Körpers im Raum, während weiterhin erhöhter Organisationsdruck durch Übergabe des Balles herrscht. Nach erfolgreichem absolvieren dieser Übung folgt der zweite Trainingsblock. Die Progression erfolgt, indem der Untergrund von stabilem Boden zu instabilem Therapiekreisel (TK) gewechselt wird. In Übung 3.1 stabilisiert der Proband den einbeinigen Stand auf dem TK ohne Bewegung in Grundhaltung. Er stabilisiert die Grundposition auch in 3.2 mit geschlossenen Augen. Diese beiden Schritte ermöglichen den sicheren Einstieg in die neue Progressionsstufe auf instabilem Untergrund. Anschließend erfolgt die bekannte Drucksteigerung von 3.3 (zusätzliches Element der Bewegung) über 3.4 (zusätzliches Eliminieren der Optik) hin zu 3.5 (zusätzliches eliminieren des Gleichgewichtsorgans im Ohr).

15

5 Teilaufgabe 5 - Literaturrecherche

Tab. 7 Literaturrecherche: Effekte des Dehnens im Hinblick auf eine Verletzungsprophylaxe

	Studie 1	Studie 2
Wer hat die Studie durchgeführt?	(Iwata, 2019)	(Pope, 2000)
Jahr der Publikation	März 2019	Februar 2000
Forschungsfrage	Die Studie untersucht die kurzfristigen Effekte eines dynamischen Dehnprogrammes (DD) auf die ischiocrurale Muskulatur im Zuge des Warm-Ups, hinsichtlich einer Verletzungsprophylaxe.	Die Studie untersucht die Effekte des Dehnens im Zuge des Warm-Ups, hinsichtlich der Prophylaxe kurzzeitiger, trainingsinduzierter Verletzungen der unteren Extremitäten.
Versuchspersonen	24 gesunde Studenten im Alter von 21 und 23 Jahren, aufgeteilt in eine Experimentalgruppe (EG) und eine Kontrollgruppe (KG) zu jeweils 6 Frauen und 6 Männern. Es gab keine signifikanten Unterschiede zwischen EG und KG in den Parametern Alter (21.8 ± 0.8 Jahre und 21.0 ± 0.9 Jahre), Geschlecht (6 Männer und 6 Frauen), Größe ($1,68 \pm 0,08$ m und $1,64 \pm 0,08$ m), Körpergewicht ($61,9 \pm 9,8$ kg und $57,5 \pm 7,4$ kg), oder des Body-Mass-Index ($22,0 \pm 2,2$ kg/m^2 vs. $21,5 \pm 2,3$ kg/m^2). Die VP waren nicht im Stande eine volle Knieextension durchzuführen. Ausgewählt wurden Personen ohne frühere operative Eingriffe, Komplikationen der Unteren Extremitäten, ohne die Muskulatur betreffende Hormonbehandlung/Medikation und ohne regelmäßige Teilnahme an Kraft-, Ausdauer- oder Flexibilitätsprogrammen, sowie Wettkämpfen. Beweglichkeitsveränderungen aufgrund oben genannter Parameter werden so ausgeschlossen.	1538 gesunde, männliche Armeerekruten bilden eine Experimentalgruppe (EG) und eine Kontrollgruppe (KG) im Alter zwischen 17 und 35 Jahren ohne nennenswerte Verletzungshistorie. Teilnehmer beider Gruppen wurden nach Vortests als körperlich gesund und psychisch stabil eingestuft.
Versuchsaufbau	Untersucht werden Parameter: Veränderung der passiven Knieextension, der möglichen Bewegungsamplitude während der Übungsausführung, der Dehntoleranz, sowie der passiven Steifheit der Muskel-Sehnen-Einheiten der Ischiocruralen Muskulatur. Gemessen werden die Parameter der EG mit einem Isokinetischen Dynamometer vor dem DS und 0,15, 30, 45, 60,	Die Rekruten absolvieren ein 12-wöchiges Trainingsprogramm (unter Aufsicht) mit 80 Trainingseinheiten (TE) in Gruppen von je 40 Personen pro TE. Beide Gruppen führen in 4-minütiges aerobes Aufwärmprogramm durch. Die EG dehnt zusätzlich 6 Hauptmuskelgruppen der Unteren Extremitäten: die Muskulatur M. gastrocnemius, M. soleus, M. quadriceps femoris, die

	Studie 1	Studie 2
	75, 90 Minuten nach dem DS, um die eventuellen Benefits für ein potenziell folgendes Training zu ermitteln. Die KG wird zu den gleichen Zeitpunkten gemessen, allerdings ohne DS. Das DD dauert je 5 Minuten bestehend aus 10x30 Sekunden Serien (15x 2 Sekunden dynamischer Dehnung; anschließend 20 Sekunden Pause im Stand). Im Voraus werden 5 langsame, gefolgt von 10 maximal schnellen und starken Wiederholungen, zum Einfinden in die Bewegung durchgeführt.	Muskelgruppe der Hüftadduktoren, die ischiocrurale Muskulatur und der Hüftflexoren. Jede Muskelgruppe wird 20 Sekunden gedehnt, die Übungen werden von Trainern instruiert, Dehnintensitäten liegen im Bereich ohne subjektives Schmerzempfinden. Die KG dehnt nicht. Zusätzlich werden zu Beginn der Intervention 20 Meter - Shuffle-Run-Testungen, zur Ermittlung des Fitnesszustandes, durchgeführt. Für die Studie relevante Verletzungen der unteren Extremitäten sind leichter Natur. Die Rekruten können zeitweise ihren Pflichten kurzzeitig (<3Tage) nicht nachkommen, sind dann aber symptomfrei. Längerfristige Verletzungen (>3 Tage Ausfall) werden in der Studie nicht berücksichtigt.
Ergebnisse	Anhaltende positive Effekte des DD auf die Flexibilität, die ROM, die Dehntoleranz und die passive Steifheit der Ischiocruralen Muskulatur wurden festgestellt.	Kumuliert 333 oben definierte Verletzungen der unteren Extremitäten wurden registriert, 175 in der KG, 158 in der EG. Es konnte keine signifikante Reduktion der Verletzungen durch das Dehnprogramm festgestellt werden. Dahingegen korreliert die Verletzungsanfälligkeit mit Fitnesszustand (20mSRT), Lebensalter und Einschreibungszeitpunkt der Rekruten.
	Die Effekte auf die Dehntoleranz normalisierten sich dabei deutlich schneller als die der anderen gemessenen Parameter.	
Schlussfolgerungen	Ein vor dem Training durchgeführtes DD kann durch beschriebene, kurzfristig anhaltende positive Effekte auf die Zielmuskulatur das Verletzungsrisiko senken. Diese Effekte halten sich über eine Trainingsdauer von 90 Minuten hinweg. Einflüsse auf die Schnellkraft etc. sollten allerdings gesondert betrachtet werden und Empfehlungen zum DD zielgruppengerecht abgegeben werden	Das typischerweise im Zuge eines Aufwärmprogrammes ausgeübte kurze und allgemeine Dehnprogramm ergibt keine klinisch relevante Verbesserung der trainingsinduzierten Verletzungsanfälligkeit in der Gruppe der Armeerekruten. Eine Verbesserung des allgemeinen Fitnesszustandes hingegen kann im Sinne einer Verletzungsprophylaxe ein wichtiger Baustein sein, die Verletzungsanfälligkeit der Trainierenden zu senken. In der Trainingspraxis kann daher auf ein kurzes allgemeines Dehnen verzichtet werden, Dehnen als eigenständiger Trainingspunkt sollte evaluiert werden.

6 Literaturverzeichnis

Chwilkowski, C. (2006). *Medizinisches Koordinationstraining – Verbesserung der Haltungs- und Bewegungskoordination durch Propriozeption* (2. Aufl.). Köln: Deutscher Trainer Verlag.

Glück, S. (2005). *Beeinflussung der Beweglichkeit durch unterschiedliche physische und psychische Einwirkungen.* Dissertation. Universität des Saarlandes, Saarbrücken

Hirtz, P. (2008) Koordinationstraining - Methoden. In G. Schnabel, H. Harre, J. Krug (Hrsg.), *Trainingslehre - Trainingswissenschaft. Leistung - Training - Wettkampf* (3. aktualisierte Aufl.). Aachen: Meyer & Meyer Verlag.

Häfelinger, U. & Schuba, V. (2007). *Koordinationstherapie - propriozeptives Training* (Wo Sport Spaß macht, 3., überarbeitete Aufl). Aachen: Meyer & Meyer Verlag.

Iwata, M. Y. (März 2019). Dynamic Stretching Has Sustained Effects on Range of Motion and Passive Stiffness of the Hamstring Muscles. *Journal of Sports Science and Medicine, 18* (1), 13-20.

Janda, V. (2000). *Manuelle Muskelfunktionsdiagnostik* (4, Ausg.). München: Urban & Fischer.

Marschall, F. (1999) Wie beeinflussen unterschiedliche Dehnintensitäten kurzfristig die Veränderung der Bewegungsreichweite? *Deutsche Zeitschrift für Sportmedizin* 50 (1), 5-9.

Neumaier, A. (1999) *Koordinatives Anforderungsprofil und Koordinationstraining* (1. Aufl.). Köln: Sport und Buch Strauß.

Nicklich, R. & Zimmermann, K. (1981) Die Ausbildung koordinativer Fähigkeiten und ihre Bedeutung für die technisch-taktische Leistungsfähigkeit der Sportler. *Theorie und Praxis der Körperkultur, 30* (10), 746-768

Pope, R., Herbert, R., Kirwan, J., Graham, B. (2000) A randomized trial of preexercise stretching for prevention of lower-limb injury. *Medicine & Science in Sports & Exercise, 32* (2), 271.

Wiemeyer, J. (2002). Dehnen – eine sinnvolle Vorbereitungsmaßnahme im Sport? *Spectrum der Sportwissenschaften, 14* (1), 53–80.

7 Tabellenverzeichnis

BEI GRIN MACHT SICH IHR WISSEN BEZAHLT

- Wir veröffentlichen Ihre Hausarbeit,
  Bachelor- und Masterarbeit

- Ihr eigenes eBook und Buch -
  weltweit in allen wichtigen Shops

- Verdienen Sie an jedem Verkauf

Jetzt bei www.GRIN.com hochladen
und kostenlos publizieren